SOLO MENSAJES

"Modificando la forma de pensar"

SOLO MENSAJES
"Modificando la forma de pensar"

Enlaces de contacto con Valerie E. Fontánez Santiago

Facebook
http://www.facebook.com/ValerieFontánezSantiago
http://www.facebook.com/ValerieFontánez
http:www.facebook.com/puntoalasunto
http://www.facebook.com/mvnmusic

Twitter
http;//twitter.com/valeriefontánez

Instagram
Valerie Fontánez Santiago

Email
valeriefontanez@gmail.com
Invencible0722@gmail.com

Whatsapp

Apartado Postal
P.O. Box 782316
Orlando, Florida 32878
P.O. Box 50001
Levittown, P.R. 00950

INTRODUCCION

A través de este pequeño libro quisiera llevarte mensajes que te inspiren, te motiven y te ayuden a ver la vida desde otro punto de vista.

Ayudarte a modificar tu forma de ser y de pensar en torno a las situaciones que se nos presentan en nuestro diario vivir, sabemos que no es fácil, pero es nuestra vida y tenemos la obligación de vivirla al máximo, siempre haciendo y pensando en las cosas que son correctas.

A través de cada mensaje, quizás recordarás algún acontecimiento en tu vida, y solo pretendo que con cada una de estas palabras aprendas a canalizar tus actos y tus emociones.

"El silencio tiene más de mil palabras, convirtiéndose en el arma más poderosa que tenemos los seres humanos ante cualquier situación".

Valerie E. Fontánez

SOLO MENSAJES
“Modificando la forma de pensar”

SOLO MENSAJES
"Modificando la forma de pensar"

❤Los derechos al igual que los títulos se ganan, no se imponen.

❤El dolor no tiene lágrimas, ni palabras.

❤Tus pensamientos siempre estarán atados a tus expresiones.

❤Una mujer fuerte sabe cómo mantener su vida en orden, aun con lágrimas en los ojos sigue de pie.

❤Algún día te veré, mas no te recordare.

❤Las relaciones perfectas no existen, solo existen relaciones duraderas para el resto de nuestras vidas.

❤La traición no te destruye, te construye en un ser humano mucho más fuerte.

❤Dejé de ser tu madre, pero jamás dejarás de ser mi hija.

❤Puedes huir de tu pasado, pero jamás podrás esconderte de él.

❤El pasado solo afecta a quien lo recuerda.

❤Yo viví para ti y tu viviste para ti mismo.

❤Reír por no llorar.

❤Los hijos son Bendiciones, jamás Maldiciones.

SOLO MENSAJES
"Modificando la forma de pensar"

♥Perdón y olvido, claves para seguir.

♥Ni frio, Ni calor.

♥Tener Fe es caminar hacia el éxito.

♥No me digas te amo, con la misma mirada que me dijiste que no me harías daño.

♥El Amor cuando no es verdadero es como el tornado, cuando llega dura poco, pero te toca, te estremece, y cuando se va te destroza.

♥Igual que a ti jamás, porque siempre seré mejor que tú.

♥El valor se hace presente cuando el miedo llega a tu vida.

♥El miedo deja de llamarse miedo, cuando decides ser valiente y luchar.

♥Ante un ataque, una defensa,

♥La esencia del ser humano nace de sus pensamientos y acciones.

♥No compartimos la sangre, pero compartimos el corazón.

♥Nos conocemos poco y nos amamos mucho.

♥El cariño se impone, el amor se gana.

SOLO MENSAJES
"Modificando la forma de pensar"

♥Ya insultaste mis sentimientos, pero jamás me harás dudar de mi inteligencia.

♥Confía, cree y verás los resultados.

♥El derecho se gana.

♥Los derechos no se imponen.

♥El no tener derecho, no te exime de responsabilidad.

♥Lo que no sirve en tu vida, es porque no pertenece a tu vida.

♥Siempre en mi mente y de lleno en mi corazón.

♥La mujer que es feliz, siempre brillará con luz propia.

♥No existe mejor refugio que el corazón de Dios, ni lugar más seguro que sus manos.

♥Cuando crees en Dios lo imposible se hace posible.

♥Para ser libre no basta con creerlo, tienes que sentirlo.

♥Un beso y un abrazo cuando es recibido con amor y respeto, siempre será correspondido de igual manera.

♥Acordarme de ti no es llamarte, no es escribirte, no es verte, no es estar al lado tuyo, acordarme de ti es levantar mi mirada hacia el cielo y pedirle a Dios que nunca te deje solo.

SOLO MENSAJES
"Modificando la forma de pensar"

♥Una mujer puede ser tu princesa, tu reina, jamás tu juguete.

♥La felicidad está dentro de ti.

♥El dolor no tiene lágrimas, ni palabras.

♥Cuando estés cansada de lidiar con tanta gente enferma de maldad, recuerda que eres demasiado fuerte como para dejarte vencer.

♥Cuando los seres humanos te den mil y una razón para no continuar, recuerda que Dios te dará un millón de oportunidades para triunfar.

♥El hoy es ahora, el mañana no existe.

♥La paciencia también tiene límites.

♥Para escuchar solo tienes que oír.

♥Aunque es difícil perdonar, no es imposible, perdonar no es olvidar, es solo pasar la página, comenzar de nuevo y ser feliz.

♥Cualquier idiota puede tener un hijo, pero solo un HOMBRE de verdad, merece ser llamado Papá.

♥Las excusas se dan, cuando no se tienen respuestas.

♥El amor verdadero no se demuestra con palabras, se demuestra con hechos.

SOLO MENSAJES
"Modificando la forma de pensar"

♥No se trata de cambiar tu forma de ser, se trata de cambiar tu forma de pensar.

♥Nunca se extraña lo que tu mente ya olvidó.

♥El ayer ya pasó, el mañana no existe, y del futuro no se sabe.

♥Muchas veces la vida nos pone en caminos donde no sabemos caminar.

♥La palabra Amor significa, Todo y Nada, todo lo que te haga feliz y nada de lo que te haga sufrir.

♥Sobre advertencia no hay engaño, "lo que está quieto se deja quieto".

♥Pensamientos que solo saben bailar en tu cabeza.

♥Tus pensamientos siempre estarán atados a tus expresiones.

♥Busca dentro de ti la solución a todos tus problemas, hasta de aquellos que creas más exteriores y materiales.

♥La esencia del ser humano nace de sus pensamientos y acciones, mas no de su corazón.

♥Prefiero ser lastimada por una verdad, que vivir en las sombras por una mentira.

♥No se puede hacer feliz a los demás, si primero no eres feliz tú.

SOLO MENSAJES
"Modificando la forma de pensar"

♥Cuando se ama profundamente, no existe necesidad de publicarlo.

♥Ofrecer amistad a quien pide amor, es como darle pan a quien muere de sed.

♥Cuando la traición llega de quien menos lo esperas, te conviertes en un ser humano mucho más fuerte, y aprendes a no confiar jamás.

♥Decepciones que siempre llegan, de quien menos lo esperas.

♥Para ser buena madre, tienes que comenzar siendo una buena mujer.

♥La amistad puede convertirse en amor, pero el amor jamás podrá convertirse en amistad.

♥Cuando se acaba el amor, llega la desilusión.

♥Para comprender tengo que entender y para entender tengo que querer.

♥Ceder no es aceptar.

♥No aceptar la realidad es una forma de evadir tu responsabilidad.

♥Noches largas, días interminables.

♥La confianza es la base de la comunicación y el entendimiento.

SOLO MENSAJES
"Modificando la forma de pensar"

❤Para querer no necesitas hablar, ni ver a las personas, solo despertar y llevarlas en tu corazón.

❤El amor nace del corazón y no del ego.

❤Para ser feliz solo hay que serlo y punto.

❤La familia que no lleva tu sangre es aquella que se elige con el corazón.

❤La mentira hiere, pero la verdad duele.

❤Anda, anda y no mires hacia atrás, que lo que se deja no se recupera jamás.

❤La distancia no olvida lo que el corazón recuerda.

❤Para amar tienes que perdonar, para perdonar tienes que olvidar, hoy te lo digo yo y mañana te lo dirá la vida.

❤Paciencia con duda es igual a traición.

❤La duda mata un sentimiento real.

❤Si confías sin dudar todo funcionará.

❤Cuando hay dudas la confianza no es completa.

❤Dignidad si tú no tienes, nadie te respetará.

❤El dinero resuelve, pero no siempre te da felicidad.

SOLO MENSAJES
"Modificando la forma de pensar"

♥ Creer por creer es igual a vivir sin confiar.

♥ Los recuerdos no se guardan, se botan.

♥ El amor es como las olas del mar a veces están altas y otras ni se sienten.

♥ Nuestro destino está dentro de nosotros, solo tienes que saber descifrarlo.

♥ Un golpe duele, lo superas y los olvidas, pero las palabras duelen más, te marcan para siempre y no las olvidas jamás.

♥ El silencio es la forma más simple de expresar los sentimientos.

♥ La ilusión de volver a verte es la bendición de tenerte cerca.

♥ Lo que no te destruye es porque te hace mucho más fuerte.

♥ El amar a la persona incorrecta muchas veces es como la ruleta rusa, que muchas veces te mata.

♥ No existe enfermedad que Dios no sane por ti.

♥ Mientes para engañar y no te das cuenta que el engañado eres tú.

♥ Que tus días siempre brillen como la luz del sol.

SOLO MENSAJES
"Modificando la forma de pensar"

❤Pensar y Creer no es lo mismo.

❤Ocultar una verdad no es mentir.

❤Para ser feliz no tienes que utilizar drogas, la felicidad vive dentro de ti.

❤Las ordenes se cumplen y no se discuten.

❤Nadie engaña a nadie, solo te engañas a ti mismo.

❤Los errores que no se corrigen se convierten en los peores horrores de tu vida.

❤Coraje =tristeza
❤Tristeza=desilusión
❤Desilusión=decepción
❤Decepción=venganza.

❤La soledad busca la soledad.

❤El amor incondicional es el que dura para toda la vida.

❤El brillo que irradia una mujer embarazada no lo opaca nadie.

❤Quien con animales se acuesta, amanece lleno de mierda.
❤Un apellido no hace a un ser humano.

❤Esperar lo inesperable es como ir al mar y no saber nadar.

SOLO MENSAJES
"Modificando la forma de pensar"

♥El amor es la huella que prevalecerá en ti para toda la vida y aun después de la muerte.

♥La verdad duele, la mentira te destruye.

♥Podrás herirme, pero nunca lograrás lastimarme.

♥La traición al igual que el dinero va y viene, de donde menos lo esperas.

♥Los hijos no atan a nadie.

♥Pensamientos negativos solo atraerán coraje, decepción y furia.

♥Si comprendo, te entiendo,
♥Si te entiendo, te acepto,
♥Y si te acepto, te perdono.

♥El orgullo y la vanidad son la maldición del ser humano.

♥El complemento para la sabiduría es la lectura.

♥Si no te enseñaron a ser un buen hijo, jamás podrás ser un buen padre.
♥Amarte tal vez, odiarte no sé, olvidarte puede ser, volver contigo jamás.

♥Si me atacas me hieres y, si me hieres me ofendes y, si me ofendes no me quieres.

♥La confianza comienza donde termina la inseguridad.

SOLO MENSAJES
"Modificando la forma de pensar"

♥Puedes jugar con mi mente, pero jamás con mi corazón.

♥Justificar errores con excusas se llama cobardía.

♥La vida es muy corta para sufrir por cosas que no tienen importancia.

♥No existen problemas que no tengan solución.

♥Yo fui, yo soy y por siempre yo seré.

♥Te dejo libre para que vueles alto.

♥Los seres humanos que no son honestos son como los gatos, que en su mayoría traicioneros.

♥La infidelidad siempre será culpa del más cobarde.

♥Cuando termina una relación llegan los remordimientos.

♥Rodeada de mucha gente, pero completamente sola.

♥Igual a ti jamás, mejor que tú siempre.

♥Cuando amas-perdonas,
♥Si perdonas-confías
♥Si confías- te traicionan,
♥ "Cosas de la vida."
♥Del pasado no se hable, al menos que atente contra tu futuro.

SOLO MENSAJES
"Modificando la forma de pensar"

♥El pasado solo afecta a quien lo recuerda.

♥No compres por impulsión, compra por necesidad.

♥No jures con la cabeza lo que no podrás cumplir con el corazón.

♥La vida es como un punto y una coma.

♥Los hijos malos no siempre son producto de una familia disfuncional.

♥Los padres perfectos no existen.

♥Los padres no son para siempre.

♥Puedes huir de tu pasado, pero jamás esconderte de él, el pasado siempre será parte de tu presente.

♥De los valientes brutos, se escriben las peores historias de la vida.

♥Los ojos expresan lo que tu corazón siente.

♥Matrimonio=divorcio,
♥Divorcio=pensión.

♥Ayúdate que yo te ayudare o piérdete que yo te soltare.

♥Perdón y olvido, clave para poder seguir.

♥Solo se ofende a quien no tiene moral.

♥Mientras más difícil sea tu camino, más se multiplicarán tus fuerzas, mientras más fuertes sean tus pruebas, más grande serán tus victorias.

♥Cuando reclamas algo cierto y no te contestan es porque no existe respuesta para la verdad.

♥Las mujeres fuertes son aquellas que cometen errores, los admiten y aprenden de ellos, pero lo más importante es que saben cómo utilizarlos a su favor.

♥Las mujeres fuertes siempre les hacen frente a los obstáculos en su diario vivir, en ocasiones con lágrimas en los ojos, pero nunca bajan la cabeza.

♥Los hijos son bendiciones, en el momento que tu hijo se convierta en un negocio para ti, en ese momento dejas de ser madre para convertirte en una miserable.

♥Los seres humanos podemos controlar nuestros pensamientos, sentimientos y hasta nuestras palabras, pero jamás podremos controlar lo que los demás puedan pensar, sentir o decir de nosotros.

♥Para todo en la vida siempre habrá una solución, búscala y la encontrarás.

♥Bancarrota, una manera de evadir las responsabilidades y por lo general solo los perdedores se acogen a ella.

♥Siempre serás la dueña de tus silencios, pero recuerda que también serás la esclava de tus palabras.

SOLO MENSAJES
"Modificando la forma de pensar"

♥La felicidad y la paz, no se encuentra a través de la familia, amistades, hijos, inclusive no se encuentra a través de tu pareja, la verdadera felicidad está dentro de ti, en tu interior, donde no todos saben llegar.

♥Pensamientos a través de tus sentimientos.

♥Nunca ocultes un secreto por miedo de perder algo o a alguien, quien quiera estar contigo estará, te aceptará, te entenderá y se quedará.

♥En nuestro caminar por la vida nos encontraremos con camino rectos y otros no tan rectos, solo tu serás el único responsable de decidir por donde quieres caminar.

♥La vida no es complicada, somos nosotros mismos quienes la hacemos complicada con nuestras acciones.

♥Nunca preguntes más de lo que te quieran decir, recuerda que las respuestas te pueden causar dolor.

♥Cuando comienzas a pensar en soluciones, es cuando realmente comienzas a ver el cambio.

♥No te confundas, el amor no siempre será como la espuma, la espuma no siempre estará arriba.

♥Los verdaderos sentimientos se expresan con hechos y no con palabras.

♥La esencia del ser humano nace de sus pensamientos y emociones, más no de su corazón.

SOLO MENSAJES
"Modificando la forma de pensar"

♥Te amo es una palabra muy fuerte, no la digas si realmente no la sientes.

♥Dicen que no hay mejor palabra que la que no se dice, y yo digo que no hay mejor respuesta que la que no se da.

♥Un hombre verdaderamente rico es aquel que sus hijos corren a sus brazos, aun cuando tienen sus brazos vacíos.

♥Vivir en las sombras es igual a no tener vida.

♥Ama con tu mente y piensa con tu corazón.

♥Para ser la opción de una elección, mejor ser la verdad de una mentira.

♥Las personas que son fuertes siempre continúan de pie y caminando aun con dolor.

♥El verdadero amor solo nace de un verdadero sentimiento.

♥Las discusiones sin sentido solo desgastan tu mente y marchitan tu corazón.

♥Es de humanos equivocarnos y de sabios rectificar.

♥No manejes tu vida para los demás, manéjala para ti mismo.

♥Las discusiones son una forma incorrecta de expresar tus sentimientos.

SOLO MENSAJES
"Modificando la forma de pensar"

♥Las palabras tienen memoria, al escucharlas recuerdas tu pasado.

♥Quien te hace llorar no merece tus lágrimas.

♥Quien quiere estar contigo corre y te alcanza.

♥El dolor es inevitable, pero el sufrimiento es opcional.

♥No hables de las personas, háblales de frente a las personas.

♥Ni feliz, ni enojado tomes decisiones.

♥Sabiduría, capacidad de aplicar lo aprendido.

♥En la confianza y la tranquilidad se encuentra la fuerza.

♥Inteligencia, habilidad para aprender.

♥Sabiduría no es saber, es saber qué hacer.

♥Tu destino será solo tu responsabilidad.

♥Vivir para ser feliz o sufrir para permanecer paralizado toda tu vida.

♥Ser víctima es solo tu decisión.

SOLO MENSAJES
"Modificando la forma de pensar"

AGRADECIMIENTOS

A Dios, porque sin ÉL nada y con Él todo.

A mis hijos, Mirta, Valerie, Nilka y Alejandro.

A mis nietas, Sabrina y Daniela.

A Edgardo, por tu apoyo y amor incondicional.

A más que una amiga, a mi hermana Lourdes Santa, por nunca dejarme sola.

A mis lectores, gracias por su apoyo en cada uno de mis libros.

A Yoleiza Acosta, por tu paciencia y por tu ayuda en cada uno de mis libros.

Al Profesor Pedro Guevara, gracias por cada una de sus traducciones, es para mí un honor poder contar con usted.

SOLO MENSAJES
"Modificando la forma de pensar"

Enlaces de contacto con Valerie E. Fontánez Santiago

Facebook
http://www.facebook.com/ValerieFontánezSantiago
http://www.facebook.com/ValerieFontánez
http:www.facebook.com/puntoalasunto
http://www.facebook.com/mvnmusic

Twitter
http;//twitter.com/valeriefontánez

Instagram
Valerie Fontánez Santiago

Email
valeriefontanez@gmail.com
Invencible0722@gmail.com

Whatsapp

Apartado Postal
P.O. Box 782316
Orlando, Florida 32878
P.O. Box 50001
Levittown, P.R. 00950

SOLO MENSAJES
"Modificando la forma de pensar"

Información de contacto de Yoleiza Acosta, Freelancer colaboradora en la corrección de mis libros.

Facebook
https://www.facebook.com/yoleiza.acosta

Twitter
http://twitter.com/yoleizaacosta

Instagram
Yoleiza Acosta

Email
Yoleiza777@gmail.com
yoleizaacosta@gmail.com

Whatsapp
+5804168466703

Comentarios:

En esta oportunidad me encontré con varias frases que tocaron mi corazón, creo que todos los que lean este libro se sentirán identificados con varias de estas sabías palabras. Excelente material para meditar y profundizar en las realidades de la vida. ¡¡Excelente Valerie!!

SOLO MENSAJES
"Modificando la forma de pensar"

Información de contacto de Pedro Guevara, Traductor de mis libros.

Facebook
https://www.facebook.com/pedroguevararojas

Twitter
http://twitter.com/pedroguevararojas

Email
pedroguevara1960@gmail.com

Comentarios:

Sabías palabras que dejan ver la grandeza de un corazón valiente, con cada libro aprendo más, uno de los trabajos más gratificantes que he tenido a lo largo de mi carrera, son sin duda, los escritos de la Señora Valerie Fontánez. Bendiciones.

SOLO MENSAJES
"Modificando la forma de pensar"

SOLO MENSAJES
“Modificando la forma de pensar”

www.ingramcontent.com/pod-product-compliance
Lightning Source LLC
Chambersburg PA
CBHW070803260726
48653CB00038BA/1012